HÄDECKE

W0385758

Suppen

KOCHEN WIE DIE PROFIS

ISBN 978-3-7750-0552-4

4 3 2 1 | 2012 2011 2010 2009

www.haedecke-verlag.de

Rezept-Redaktion und Satz: Christine Messer Hausch, Ascona

Fotos (bis auf Seite 70): Chris Meier BFF, Stuttgart

Foodstyling und Küche: Roland Hartel

Organisation und Requisite: Jutta Neu-Meier

Foto Seite 70: Jan C. Brettschneider, Hamburg

Umschlaggestaltung und Layoutentwurf: Julia Graff, Design & Produktion, Stuttgart

Reproduktion: LUP AG, Köln

Druck: Mohn media Mohndruck GmbH, Gütersloh

Abkürzungen und Maßeinheiten

kg – Kilogramm	g – Gramm	ml – Milliliter = 0,001 Liter
cl – Zentiliter = 0,01 l	dl – Deziliter = 0,1 l	l – Liter
Msp. – Messerspitze	EL – Esslöffel	TL – Teelöffel
geh. – gehäuft	gestr. – gestrichen	

Die Rezepte sind, soweit nicht anders angegeben, für 4 Portionen berechnet.

Vorwort

Kochen können wie die Profis

Wer möchte das nicht? Vor allem, wenn Meister ihres Fachs wie die hervorragenden Köchinnen und Köche von Euro-Toques Europe ihre Rezepte und Tricks verraten. Deren Können basiert auf einer soliden Ausbildung und meistens auf vielen Lehr- und Wanderjahren mit Stationen in führenden Häusern. Sie kochen mit Begeisterung und geben ihr Wissen gerne an den Berufsnachwuchs weiter. Dazu gehört auch der Respekt vor unseren Lebensmitteln und die Verpflichtung, ihren Gästen eine gesundheitsbewusste Ernährung zu bieten sowie in ihrer Küche natürlich produzierte Lebensmittel, wenn möglich aus der Region, zu verwenden. Nur wer sich an diese Richtlinien hält, kann Euro-Toques Sternekoch, -köchin oder -Maître sein und nur unter diesen Voraussetzungen kann ein Restaurant zertifiziert werden.
Die Köchinnen und Köche geben ihre Erfahrung aber auch gerne nach außen weiter, zum Beispiel in Geschmacksschulungen für Kinder und Erwachsene oder in Büchern wie dem vorliegenden. Die Rezepte dieses Buches sind so ausgewählt und bearbeitet, dass sie auch zu Hause zubereitet werden können – manchmal verblüffend einfach, manchmal mit Übung und Können, jedoch immer mit großartigen Geschmackserlebnissen, für die sich die Mühe lohnt.
Ihnen, liebe Leserinnen und Leser, wünschen wir viel Erfolg und Genuss beim Ausprobieren. Und wenn Sie das eine oder andere Rezept einmal nicht zu Hause nachkochen, sondern in unseren Restaurants genießen wollen, sind Sie uns immer herzlich willkommen.

Ihre Rezeptautorinnen und -autoren von Euro-Toques Europe

Ernst-Ulrich W. Schassberger
President Euro-Toques Europe

Kalte Joghurtsuppe mit Minze-Chutney

Für das Minze-Chutney:
¼ TL Chilipulver
¼ TL gemahlener Ingwer
¼ TL fein gehackter Knoblauch
¼ TL fein gehackte grüne Chilischote
¼ TL Zucker
2 EL Naturjoghurt
1 EL frisch gepresster Zitronensaft
1 EL (8 g) Minzeblätter, fein gehackt

Für die Joghurtsuppe:
500 g Salatgurke, geschält und entkernt
500 ml Naturjoghurt
2 Knoblauchzehen, geschält
Salz

Minzezweiglein zum Garnieren

1. Für das Minze-Chutney: Alle Zutaten im Mixer fein pürieren, kalt stellen.

2. Für die Joghurtsuppe: Salatgurke mit Joghurt und Knoblauch im Mixer fein pürieren, mit Salz abschmecken und im Kühlschrank kalt stellen.

3. Zum Servieren die Joghurtsuppe in gekühlte Suppenschalen füllen, mit Minze-Chutney und frischen Minzezweiglein garnieren.

PROFITIPP Diese würzige, aber leichte Suppe ist schnell zubereitet, sie schmeckt gut gekühlt am besten. Deshalb genügend Vorbereitungszeit einrechnen und die Suppe mindestens 2 Stunden vor dem Servieren zubereiten und in den Kühlschrank stellen.

Rucola-Gazpacho
mit gebratenen Langostinos

Für die Gazpacho:
2 Schalen Rucola (400–500 g)
3 mittelgroße Kartoffeln (Agria)
50 ml Noilly Prat
50 ml Weißburgunder
500 ml Fleisch- oder Gemüsebrühe
Salz, Pfeffer, Tabasco
Eiswürfel

Für die Einlage:
4 Langostinos
(Kaisergranatschwänze, Scampi)
1 Bund Rucola zum Frittieren
Salz
50 ml Olivenöl zum Braten

1 Für die Gazpacho Rucolablätter waschen, trocken schleudern und grob schneiden, kleine Blätter für die Garnitur ganz lassen und beiseite legen. Die Kartoffeln mit Schale weich kochen und noch heiß pellen.

2 In einer Küchenmaschine den Rucola und die heißen Kartoffeln mit Noilly Prat, Weißwein und Brühe zu einer sämigen, dickflüssigen Creme pürieren. Die Suppe mit Salz und Pfeffer würzen, mit Tabasco leicht scharf abschmecken. Die Suppe im Eiswasserbad schnell abkühlen, danach im Kühlschrank 1–2 Stunden gut durchkühlen lassen.

3 Für die Einlage die Langostinos aus dem Panzer brechen, das Fleisch vom Darm befreien. In einer Pfanne im Olivenöl von allen Seiten kross anbraten. Auf Küchenpapier abtropfen lassen, mit Salz leicht würzen.

4 Die Rucolablätter im heißen Öl frittieren, ebenfalls abtropfen lassen.

5 Zum Servieren die gut gekühlte Rucola-Gazpacho in Gläser füllen. Die noch warmen Langostinoschwänze nach Belieben in die Suppe oder auf den Anrichteteller legen und mit frittierten Rucolablättern garnieren.

PROFITIPP Rucola nicht kochen, er verliert sonst seine kräftige, grüne Farbe und Geschmack.

Avocado-Minzsuppe

Für die Avocadosuppe:
¼ Zwiebel, gehackt
¼ TL gehackter Knoblauch
¼ Chilischote, gehackt
2 EL Olivenöl
1½ Avocados
600 ml Fleisch- oder Gemüsebrühe
200 ml Kokosmilch
200 ml Sahne
Chilisauce
Salz
Kokosessig

Für den Minzpesto:
½ Avocado
1 schöner Zweig Minze
1 EL Olivenöl
Salz

1. Für die Avocadosuppe die Zwiebel mit Knoblauch und Chili im Olivenöl anschwitzen. Avocado schälen, die Kerne entfernen, das Fruchtfleisch grob würfeln. Ebenfalls anschwitzen, dann das Ganze mit Brühe auffüllen. Zum Kochen bringen, 20 Minuten köcheln lassen.

2. Die Suppe im Mixer fein pürieren. Kokosmilch und Sahne unterrühren, zum Kochen bringen. Mit Chilisauce, Salz und einem Spritzer Kokosessig würzen. Die Avocadosuppe durch ein Sieb passieren, warm halten.

3. Für den Minzpesto das Avocadofleisch aus der Schale lösen, im Mixer zusammen mit den abgezupften Minzeblättchen und Olivenöl fein pürieren. Mit Salz leicht würzen.

4. Zum Servieren die Avocadosuppe mit dem Schneebesen schaumig aufschlagen, den Minzpesto unterrühren und die Suppe in vorgewärmte Suppenteller anrichten.

PROFITIPP **Minze ist die vorherrschende Geschmackskomponente dieser Suppe. Wer es exotischer mag, ersetzt einen Teil der Minze durch fein geriebenen, frischen Ingwer. Kokosessig erhält man in Asialäden.**

Geliertes Blumenkohlsamtsüppchen mit Maiscrêpes und Kaviar

200 g Blumenkohlröschen, ohne Strunk
300 ml leichte Gemüsebrühe
200 ml Sahne
50 g Butter
Meersalz
weißer Pfeffer aus der Mühle
1 Spritzer Zitronensaft

5 Blatt Gelatine
100 g geschlagene Sahne

Für die Maiscrêpes:
150 g Maiskörner, gegart
50 g Nussbutter (gebräunte Butter)
50 g Mehl
50 g Crème double, 1 Ei
Salz, weißer und schwarzer Pfeffer aus der Mühle
frisch geriebene Muskatnuss
Olivenöl zum Braten

Zum Garnieren:
20 g Kaviar nach Belieben
Schnittlauchspitzen und Kerbel

1. Blumenkohlröschen waschen, in einem Topf in der Gemüsebrühe weich kochen. Sahne und Butter unterrühren, mit Salz, Pfeffer und Zitronensaft würzen.

2. Gelatine in kaltem Wasser einweichen. Den Blumenkohl fein pürieren und durch ein Sieb streichen. Gelatine ausdrücken, danach im heißen Blumenkohl unter Rühren auflösen. Den Topf in Eiswasser stellen und weiterrühren, bis die Masse abgekühlt ist. Die geschlagene Sahne unterheben und die Blumenkohlcreme in vier Martinigläser füllen. Im Kühlschrank 2 Stunden kühlen.

3. Für die Maiscrêpes die Hälfte der Maiskörner mit Nussbutter, Mehl, Crème double und Ei im Mixer pürieren. Restliche Maiskörner unter die Masse rühren, mit Salz, Pfeffer und Muskat würzen. Olivenöl in einer Pfanne erhitzen. Mit einem Löffel den Crêpes-Teig portionsweise in die Pfanne geben und von beiden Seiten zu kleinen, goldbraunen Talern braten.

4. Zum Servieren die gelierten Süppchen mit je 2 Maiscrêpes belegen. Mit einem Perlmuttlöffel etwas Kaviar darauf geben, mit Schnittlauch und Kerbel garnieren.

Bärlauchcremesuppe mit Morcheln

80 g Bärlauch
50 g Spinat
60 g Morcheln

2 EL Butter
2 kleine Schalotten, gehackt
1 gestr. EL Mehl
2 cl Cognac
800 ml Hühnerfond
150 ml Sahne
30 g Speisestärke
Salz, Pfeffer

Zum Garnieren:
4 Bärlauchblätter
Kräuterblüten

1 Bärlauch in feine Streifen schneiden, den Spinat hacken, die Morcheln gründlich putzen, waschen und fein schneiden.

2 In einer Kasserolle die Butter zergehen lassen. Schalotten und Morcheln zugeben und bei kleiner Hitze dünsten. Mit Mehl bestäuben. Bärlauch und Spinat unterrühren und kurz mitdünsten. Mit Cognac flambieren, dann mit Hühnerfond und Sahne auffüllen und zum Kochen bringen. Die Speisestärke mit etwas kaltem Wasser anrühren und in die Suppe rühren. Etwa 2–3 Minuten köcheln lassen, die Cremesuppe mit Salz und Pfeffer abschmecken.

3 Zum Servieren die Suppe in vorgewärmte Teller gießen, mit je einem Bärlauchblatt und Kräuterblüten garnieren.

PROFITIPP Bärlauch und Morcheln – beide sind im Frühjahr im heimischen Wald zu finden. Wenn keine Morcheln zur Hand sind, können sie durch Champignons ersetzt werden.

Brennnesselsuppe

100 g Brennnesselblätter
1 Schalotte
1 Kartoffel

50 g Butter
200 ml Weißwein
600 ml Fleisch- oder Gemüsebrühe

200 ml Sahne
50 g kalte Butter
Salz, Pfeffer
1 Spritzer Zitronensaft

1 Brennnesseln in kochendem Salzwasser blanchieren, durch ein Sieb abgießen und unter fließendem Wasser rasch abkühlen. Schalotte schälen und fein würfeln, die Kartoffel ebenfalls schälen und in Würfel schneiden.

2 In einem Topf die Butter erhitzen. Schalotten glasig dünsten, Kartoffelwürfel zugeben, mit Weißwein ablöschen, mit der Brühe aufgießen. Zum Kochen bringen und die Kartoffelwürfel ohne Deckel weich kochen.

3 Die blanchierten Brennnesseln zugeben und das Ganze im Mixer fein pürieren. Die Suppe durch ein Spitzsieb passieren, die Sahne unterrühren und die kalte Butter mit dem Schneebesen kräftig unterschlagen. Mit Salz, Pfeffer und Zitronensaft abschmecken und heiß servieren.

PROFITIPP **Das rasche Abkühlen der blanchierten Brennnesselblätter mit kaltem Wasser bewirkt, dass die grüne Farbe besser erhalten bleibt.**

Kartoffel-Samtsuppe mit Steinpilzen, Brioche-Croûtons und Estragon-Cappuccino

200 g fest kochende Kartoffeln, geschält
1 kleine Knoblauchzehe, geschält
500 Kalbsfond
oder kräftige Fleischbrühe
200 ml Sahne
150 g Schmant (Sauerrahm)

1 kleine Karotte, geschält
½ Lauchstange, geputzt
1 kleines Stück Sellerie, geschält
1 Schalotte, geschält
2 EL Rapsöl
Salz, Pfeffer aus der Mühle
frisch geriebene Muskatnuss
1 EL Estragonblättchen, gehackt

150 g frische Steinpilze, geputzt
1 EL Butter
Salz, Pfeffer

1 Scheibe Brioche
2 EL Butter

150 ml Milch
1 EL fein gehackter Estragon
Salz, Pfeffer
frisch geriebene Muskatnuss

4 Estragonzweiglein

1 Kartoffeln grob schneiden, mit dem Knoblauch im Kalbsfond weich kochen. Sahne und Schmant hinzufügen und mit dem Stabmixer fein pürieren.

2 Karotte, Lauch, Sellerie und Schalotte fein würfeln, in einer Pfanne im Öl weich dünsten. Die Gemüsewürfel in die Suppe rühren, mit Salz, Pfeffer, Muskat und Estragon würzen. Warm halten.

3 Steinpilze in feine Scheiben schneiden. In einer Pfanne die Butter erhitzen und die Steinpilzscheiben flach auslegen. 3–4 Minuten braten, bis die Pilze beginnen zu bräunen. Die Scheiben umdrehen, von der anderen Seite kurz Farbe nehmen lassen, dann mit Salz und Pfeffer leicht würzen.

4 Brioche in kleine Würfel schneiden, in einer Pfanne in der Butter unter Rühren goldbraun braten.

5 Die Milch mit Estragon in einen Topf geben, mit Salz, Pfeffer und einem Hauch Muskat würzen. Unter ständigem Rühren mit dem Schneebesen zum Kochen bringen, dann die Milch zu Schaum aufschlagen.

6 Zum Servieren die Suppe in Tassen füllen, mit den Steinpilzen belegen, jeweils einen Löffel Estragonschaum darüber geben und mit Brioche-Croûtons bestreuen. Mit Estragonzweiglein garnieren.

PROFITIPP **Kochend heiße Milch lässt sich mit einem Stabmixer ganz leicht zu feinem Schaum aufschlagen. Der wie oben gewürzte Schaum ist dekorativ und passt geschmacklich sehr gut zu Kartoffeln.**

Fenchel-Knoblauchsuppe

3 Zwiebeln
3 Fenchelknollen
3 Knoblauchknollen

100 g Butter

50 ml Pernod
200 ml Weißwein
1 l Rinderbrühe

1 Zweig Estragon
2 Lorbeerblätter
3 Sternanis
Salz
Instantbrühe zum Abschmecken

250 g reife Kirschtomaten, geviertelt
50 ml kaltgepresstes Olivenöl
100 g Bergkäse, frisch gerieben

1 Zwiebeln schälen, halbieren, den Stängelansatz entfernen, die Zwiebelhälften in feine Streifen schneiden oder hobeln. Fenchelknollen putzen, das Grün entfernen und für die Garnitur beiseite legen. Die Knollen halbieren, den Strunk entfernen und den Fenchel ebenfalls fein schneiden oder hobeln. Knoblauch schälen und in feine Scheiben schneiden.

2 In einer Kasserolle die Butter erhitzen. Zwiebeln glasig dünsten, dann den Fenchel zugeben und unter Rühren leicht Farbe nehmen lassen. Hitze reduzieren. Nun den Knoblauch zugeben und kurz mitdünsten, ohne dass er Farbe nimmt.

3 Mit Pernod und Weißwein ablöschen, mit Rinderbrühe aufgießen. Estragon, Lorbeer und Sternanis zugeben und kochen, bis das Gemüse weich und die Flüssigkeit kräftig reduziert ist. Estragon, Lorbeer und Sternanis entfernen, die Suppe mit Salz und Instant-Brühpulver abschmecken.

4 Vor dem Servieren die Tomaten zugeben und das Ganze noch einmal zum Kochen bringen. Suppe in Teller anrichten, mit Olivenöl beträufeln, mit gehacktem Fenchelgrün bestreuen und servieren. Den geriebenen Käse getrennt dazu reichen.

PROFITIPP **Sternanis und Pernod verstärken den zarten Fenchelgeschmack und behaupten sich als Ergänzung zum Knoblauch.**

Aufgeschäumte Kürbiscremesuppe

300 g Muskatkürbis, geschält, entkernt
100 g Kartoffel, geschält
1 kleine Zwiebel, geschält
½ Knoblauchzehe

50 g Butter
80 ml Weißwein
400 ml Milch
300 ml Sahne

4 EL Kürbiskerne

Salz
weißer Pfeffer aus der Mühle
Zucker
40 ml Apfelessig

Für die Garnitur:
1 Schale Rotkohlsprossen
(ca. 40 g)

1 Kürbisfleisch und Kartoffel in Würfel schneiden, Zwiebel und Knoblauch fein würfeln.

2 In einem Topf die Butter erhitzen. Zwiebel bei geringer Hitze glasig dünsten, dann den Kürbis und Knoblauch zugeben und kurz mitdünsten. Mit Weißwein ablöschen. Sahne und Milch zugießen, Kartoffelwürfel zugeben und das Ganze zum Kochen bringen. Bei kleiner Hitze ca. 30 Minuten köcheln, dabei die Suppe öfter umrühren.

3 Kürbiskerne in einer Pfanne ohne Fett unter Rühren leicht anrösten.

4 Die Suppe mit dem Stabmixer fein pürieren und durch ein Sieb passieren. Mit Salz, Pfeffer, Zucker und Apfelessig abschmecken.

5 Zum Servieren die heiße Suppe mit dem Stabmixer nochmals schaumig aufschlagen und in Suppenteller geben. Mit gerösteten Kürbiskernen und Rotkohlsprossen garnieren.

PROFITIPP **Kürbiskerne werden durch Rösten knusprig und erhalten einen nussigen, vollen Geschmack.**

Kürbissuppe mit Kokos und Chili

500 g Hokkaido-Kürbis, entkernt
1 Bund Frühlingszwiebeln
2 kleine Knoblauchzehen
20 g Ingwer, geschält
1 Chilischote, entkernt
50 g Butter
400 ml Kokosmilch
Salz, Pfeffer

1 Den Kürbis waschen und in 4 cm große Stücke schneiden. Die Frühlingszwiebeln fein schneiden, Knoblauch, Ingwer und Chili fein hacken.

2 In einem Topf die Butter erhitzen. Frühlingszwiebeln, Knoblauch, Ingwer und Chili zugeben, unter Rühren bei kleiner Hitze anschwitzen. Nun den Kürbis zugeben und mit Kokosmilch auffüllen. Eine halbe Stunde köcheln, bis der Kürbis weich ist. Dann den Topfinhalt im Mixer fein pürieren. Die Suppe mit Salz und Pfeffer abschmecken und heiß servieren.

PROFITIPP Hokkaido-Kürbis hat eine zarte Schale, die mitgekocht und verzehrt werden kann. Das Fruchtfleisch ist nussig-aromatisch und feinfaserig. Diese Kürbissorte eignet sich besonders gut für würzige und asiatische Zubereitungsarten.

Potpourri von 3 Kürbissüppchen

1 frischer, fester Muskatkürbis

Für die Kürbissuppe mit Kernöl:
250 g passierte Kürbismasse
150 ml Gemüsebrühe
½ Knoblauchzehe, durch die Presse gedrückt
1 TL Kümmel
80 ml Sahne
Salz, Pfeffer, etwas Kürbiskernöl

Für die klare Kürbissuppe mit Perlen und Chili:
200 ml Saft vom Kürbis (siehe vorhergehendes Rezept)
100 ml Gemüsefond
1 TL fein gewürfelte Chili
100 g Hokkaidokürbis
100 g Zucchini

Für die cremige Kürbissuppe mit Ingwer:
200 g Hokkaidokürbis, geraspelt
1 Schalotte, fein gehackt
2 EL Pflanzenöl
1 EL Weißwein
200 ml Gemüsefond
1 TL fein geriebener Ingwer
1 Msp. Chilipulver
Salz, Pfeffer
100 ml Sahne
1 geh. TL Maisstärke, mit etwas Gemüsefond angerührt

1 Den Backofen auf 150 °C vorheizen. Den Kürbis quer halbieren, entkernen und mit der Schnittseite nach unten auf ein Blech legen. Im Backofen ca. eine Stunde backen, der Kürbis soll gar sein. Nun das Fruchtfleisch mit einem Löffel aus den Hälften schaben und durch die Flotte Lotte (Passe-Vite) drehen, dabei das Püree in einem Tuch auffangen. Das Tuch über eine Schüssel hängen, den austretenden Saft für die klare Suppe (siehe nachfolgendes Rezept) beiseite stellen.

2 Für die Kürbissuppe mit Kernöl von der passierten Kürbismasse aus dem Tuch 250 g abmessen und in einen Topf geben. Mit Brühe auffüllen, mit Knoblauch und Kümmel würzen, zum Kochen bringen. Die Suppe 5 Minuten bei kleiner Hitze köcheln, dann die Sahne unterrühren, mit Salz und Pfeffer abschmecken. Zum Servieren die Suppe in Schalen anrichten und mit etwas Kürbiskernöl beträufeln.

3 Für die klare Kürbissuppe mit Perlen und Chili den Kürbissaft mit Gemüsefond und Chili in einem Topf zum Kochen bringen, am Herdrand warm halten. Mit einem kleinen Ausstecher perlengroße Kugeln aus dem Kürbis und der Zucchini stechen und in der heißen Suppe eine halbe Stunde ziehen lassen. Suppe vor dem Servieren mit Salz und Pfeffer abschmecken.

4 Für die cremige Kürbissuppe mit Ingwer die Kürbisraspel und die gehackte Schalotte im Öl in einem Topf anschwitzen. Mit Wein ablöschen, mit Gemüsefond aufgießen, mit Ingwer, Chilipulver, Salz und Pfeffer würzen. Die Suppe einige Minuten kochen, dann die Sahne unterrühren, im Mixer pürieren und durch ein Sieb passieren. Mit der angerührten Maisstärke leicht binden und servieren.

PROFITIPP **Diese »Versammlung« verschiedener Kürbissüppchen ist, in passenden Tassen oder Suppenschalen angerichtet, eine wahre herbstliche Verführung der Sinne.**

Lauchsuppe mit Datteln

500 g Lauch
1 Zwiebel
250 g Kartoffeln

100 g getrocknete Datteln, entkernt
50 g Butter
750 ml Gemüsebrühe
1 Knoblauchzehe
1 EL gezupfte Thymianblättchen, gehackt

Muskatnuss, frisch gerieben
Pfeffer aus der Mühle
Himalaja-Salz

125 ml Naturjoghurt
1 EL gehackte Petersilie
1 EL Zitronensaft
1 Eigelb

1 Lauch gründlich waschen und in dicke Scheiben schneiden. Die Zwiebel schälen und fein würfeln, die Kartoffeln schälen und in dünne Scheiben schneiden oder hobeln.

2 Datteln fein würfeln und in der Butter kurz anschwitzen. Zwiebeln zugeben, unter Rühren weiterbraten. Lauch hinzufügen und ca. 5 Minuten mitdünsten. Nun mit der Brühe auffüllen, Kartoffelscheiben hinzufügen, den Knoblauch durch die Presse drücken und unterrühren. Mit Thymian, etwas Muskat, Pfeffer und Salz würzen. Zum Kochen bringen, danach ca. 25 Minuten zugedeckt köcheln.

3 Joghurt mit Petersilie, Zitronensaft und Eigelb verrühren. Die Suppe am Herdrand kurz stehen lassen, sie darf nicht zu heiß sein. Die Joghurt-Ei-Mischung kräftig unterrühren, dann die Suppe nochmals mit Himalaja-Salz und Pfeffer abschmecken. Sofort servieren.

PROFITIPP **Die Zugabe von Joghurt und Zitronensaft machen diese Suppe frisch und leicht, doch Vorsicht: Wenn der Joghurt zu heiß wird, gerinnt er, ebenso das Eigelb.**

Essenz von der Paprika mit Koriander-Mascarpone-Pyramide unter der Profiterolehaube

Für die Essenz:
2 gelbe Paprika
2 rote Paprika
1 Chilischote
2 Schalotten, geschält und gehackt
3 Knoblauchzehen, geschält und gehackt
60 ml Olivenöl
2 TL süßes Paprikapulver
Fleur de Sel
150 ml Sauvignon blanc
1 l Hühnerbrühe

Für die Klärmasse:
200 g Rinderwade
Fleur de Sel
je ½ rote und gelbe Paprika, entkernt
2 Eiweiß
1 EL Tomatenmark

Koriander-Mascarpone-Pyramiden:
40 g Butter
2 EL Koriandersamen, zerstoßen
50 g Hartweizengrieß
1 Ei
45 g Mie de Pain (frisch geriebenes Weißbrot)
1 Eigelb
2 EL Hartweizengrieß
150 g Mascarpone
2 EL fein geschnittenes Koriandergrün
Salz
Cayennepfeffer

Für die Profiterolehaube:
120 ml Milch
30 g Butter
1 Prise Salz
80 g Mehl
2 Eier

Zum Garnieren:
verschiedenfarbige Paprika, geschält und in Rauten geschnitten
8 Basilikumblätter
2 cl Graanjenever

1. Für die Essenz Paprika und Chilischote waschen, entkernen, grob würfeln. In einer Sauteuse Schalotten und Knoblauch im Olivenöl anschwitzen, Paprika und Chili zugeben und mitdünsten. Mit Fleur de Sel und Paprikapulver würzen, mit Weißwein ablöschen, dann mit Brühe auffüllen. Zum Kochen bringen, 45 Minuten ohne weitere Hitzezufuhr ziehen lassen.

2. Für die Klärmasse das Rindfleisch klein schneiden und mit Fleur de Sel würzen. Zusammen mit den Paprika, dem Eiweiß und Tomatenmark durch den Fleisch-

wolf drehen, die Masse gut durchkneten. Die Klärmasse in die Essenz rühren, dabei die Flüssigkeit bei kleiner Hitze unter mehrmaligem Umrühren klären, bis das Eiweiß stockt und auf der Oberfläche treibt und die Essenz zu kochen beginnt. Aufpassen, dass am Topfboden nichts anbrennt. Sauteuse vom Herd ziehen, Essenz 20 Minuten ruhen lassen. Dann vorsichtig durch ein Tuch passieren, abschmecken und abkühlen lassen.

3 Für die Koriander-Mascarpone-Pyramiden die Butter in einer Sauteuse leicht bräunen. Koriandersamen zugeben, kurz anrösten, mit 125 ml der zuvor zubereiteten Essenz ablöschen. Durch ein Sieb passieren, mit Grieß und Ei gut vermischen, abkühlen lassen. Mie de Pain mit Eigelb, Grieß, Mascarpone und gehacktem Koriandergrün unter die Masse kneten, mit Salz und Cayennepfeffer würzen. In gebutterte Pyramidenformen füllen, dabei die Oberflächen glatt streichen und im vorbereiteten Wasserbad im Backofen bei 90° C ca. 15 Minuten garen.

4 Für die Profiterolehaube die Milch mit Butter und Salz zum Kochen bringen. Mehl auf einmal zugeben und rühren, bis sich der Teig an einem Stück vom Boden löst. Abkühlen lassen, dann die zuvor verquirlten Eier nach und nach unter die Masse rühren. Den Brandteig durch ein Sieb streichen und in einen Spritzsack mit kleiner, glatter Tülle füllen. Auf Pergamentpapier in großen Suppentellern als Gitter aufspritzen und im Backofen bei 190 °C ca. 8 Minuten goldgelb backen. Die Pergamentblätter aus den Tellern nehmen und die Teiggitter vorsichtig ablösen.

5 Zum Servieren die ausgelösten Pyramiden in die Mitte der vorgewärmten Suppenteller legen. Paprikarauten und in Streifen geschnittenes Basilikum darum herum streuen. Die kochendheiße Essenz mit Genever abschmecken, in die Teller füllen und mit je einem Profiterolegitter bedecken.

PROFITIPP **Das Klären einer Bouillon dient nicht nur der Ästhetik, die in der Klärmasse enthaltenen Zutaten geben auch Geschmack ab. Mie de Pain ist feinkrümelig geriebenes Weißbrot ohne Kruste. Graanjenever ist ein junger Genever von mildem, leicht aromatischem Geschmack.**

Parmesansuppe mit Lauchstreifen

1 Stange Lauch
2 EL Olivenöl
2 TL Dinkel-Vollkornmehl
800 ml kalter Gemüse- oder Geflügelfond

100 ml Sahne
4 cl trockener Riesling

100 g alter, gut gereifter Parmesan
Salz, schwarzer Pfeffer aus der Mühle

4 Scheiben Ciabattabrot, ca. 1 cm dick
Olivenöl zum Beträufeln

Cayennepfeffer

1 Den Lauch längs halbieren, die dunkleren grünen Stellen entfernen. Gründlich waschen und den Lauch in feine Streifen schneiden. In einem Topf im Olivenöl anschwitzen, ohne Farbe nehmen zu lassen. Mit Mehl bestäuben, unter ständigem Rühren mit dem Schneebesen nach und nach den kalten Fond hinzugießen. Die Suppe erhitzen und 2 Minuten köcheln. Sahne und Riesling zugeben, noch einmal zum Kochen bringen. Parmesan fein reiben, nach und nach unter die Suppe rühren, dann den Topf vom Herd nehmen – die Suppe soll nur leicht gebunden sein, wenn nötig mit etwas Brühe verdünnen. Mit Salz und Pfeffer abschmecken.

2 Ciabattabrotscheiben mit Olivenöl beträufeln und die Scheiben bis zur Mitte einschneiden. Im heißen Backofen das Brot leicht anrösten.

3 Zum Servieren die Suppe in vorgewärmte Suppentassen füllen, mit einem Hauch Cayennepfeffer bestäuben. Je eine geröstete Brotscheibe auf den Tassenrand stecken und servieren.

PROFITIPP **Für Geschmack und Konsistenz ist die Qualität des Parmesankäses ausschlaggebend. Wichtig: Den fein geriebenen Käse nur unter die heiße Suppe rühren, nicht kochen lassen.**

Rote Rüben-Suppe mit Meerrettichnocken

Für die Suppe:
200 g Rote Rüben (Rote Bete, Randen), geschält
100 g Kartoffeln, geschält
1 kleine Zwiebel
1 EL Butter
800 ml Rinderkraftbrühe
1 Nelke
1 kleines Lorbeerblatt
Salz
schwarzer Pfeffer aus der Mühle
1 Prise Zucker
Zitronensaft

Für die Meerrettichnocken:
1 Ei
50 g Butter
50 g Mehl
1 TL frisch geriebener Meerrettich
Salz, Pfeffer

Für die Garnitur:
125 g Sahne, steif geschlagen
4 Salbeiblätter

1 Rote Rüben und Kartoffeln in Scheiben schneiden. Zwiebel fein würfeln, in einer Kasserolle in der Butter glasig dünsten. Rote Rüben und Kartoffeln zugeben, mit Kraftbrühe aufgießen und zum Kochen bringen. Nelke und Lorbeerblatt zufügen, die Suppe ca. 30 Minuten kochen. Nelke und Lorbeerblatt entfernen, die Suppe im Mixer fein pürieren. Mit Salz, Pfeffer, Zucker und etwas Zitronensaft die Suppe abschmecken.

2 Für die Meerrettichnocken: Das Ei trennen. Eigelb mit Butter schaumig rühren, dann den Meerrettich und das Mehl unterrühren, mit Salz und Pfeffer würzen. Eiweiß steif schlagen und unter die Meerrettichmasse ziehen. In einem Topf gesalzenes Wasser zum Kochen bringen und auf dem Siedepunkt halten. Von dem Meerrettichschaum mit zwei Löffeln Nocken abstechen und formen und im siedenden Wasser 10 Minuten ziehen lassen.

3 Zum Servieren die heiße Suppe in tiefe Teller schöpfen, je 2–3 Meerrettichnocken einlegen. In die Tellermitte jeweils eine Sahnerosette spritzen und mit einem Salbeiblatt garnieren.

Paradiesapfelsuppe mit Chili, Liebesknochen mit Schinkencreme

Für die Suppe:
4 reife Granatäpfel
2–3 Zwiebeln
150 g Staudensellerie
2 EL Olivenöl
2 EL Weißwein
1 l Gemüsebrühe
1 Chilischote, nicht zu scharf
Salz
schwarzer Pfeffer aus der Mühle
1 EL Maisstärke

Für die Liebesknochen:
125 ml Wasser
80 g Butter, Salz
80 g Mehl
3 Eier

Für die Schinkencreme:
130 g gekochter Räucherschinken
100 ml Sahne
100 g Quimiq (ersatzweise ½ Blatt Gelatine und weitere 50 ml Sahne)
1 EL fein gehackte Petersilie
Salz, Pfeffer

1 Die Granatäpfel auslösen und entsaften, den Saft beiseite stellen. Zwiebeln und Sellerie hacken. In einer Kasserolle Olivenöl erhitzen, die Zwiebeln und den Sellerie anschwitzen. Mit Wein ablöschen, mit Gemüsebrühe aufgießen, zum Kochen bringen. Chilischote entkernen und fein hacken, zur Suppe geben. Mit Salz und Pfeffer würzen, dann die Suppe im Mixer pürieren und durch ein feines Sieb passieren. Erneut zum Kochen bringen, den Granatapfelsaft sowie, nach Belieben, einige intakte Fruchtkerne zugeben und die Suppe 15 Minuten einkochen. Mit der in wenig kaltem Wasser angerührten Maisstärke leicht binden, Suppe abschmecken und warm halten.

2 Für die Liebesknochen: Backofen auf 190 °C vorheizen. Wasser mit Butter und einer Prise Salz zum Kochen bringen. Das Mehl auf einmal zugeben und mit einem Holzlöffel einrühren. Unter ständigem Rühren den Teig einkochen, bis er sich in einem Stück vom Topfboden löst. Die Masse abkühlen lassen, dann die Eier nacheinander zugeben und alles zu einem glatten Teig verarbeiten. In einen Spritzsack mit glatter Tülle füllen und von dem Teig 4 Stangen auf ein beschichtetes Blech spritzen. Im vorgeheizten Backofen ca. 25 Minuten backen.

3 Für die Schinkencreme: Den Schinken fein schneiden, mit der Sahne im Mixer fein pürieren. Quimiq mit einem Schneebesen glatt rühren und mit der Schinkencreme vermischen. Gehackte Petersilie unterrühren, die Creme mit wenig Salz und Pfeffer würzen.
Alternativ kann die Creme statt mit Quimiq mit Gelatine stabilisiert werden. Dazu das halbe Gelatineblatt in kaltem Wasser einweichen, ausdrücken und in 50 ml Sahne, die zuvor leicht erwärmt wurde, auflösen. Mit dem Schinken-Sahnepüree gut vermischen, dann die Petersilie unterrühren und abschmecken. Im Kühlschrank 1 Stunde fest werden lassen.

4 Zum Servieren die heiße Suppe in vorgewärmten Suppenschalen anrichten. Die Liebesknochen längs halbieren, mit der Schinkencreme füllen und zur Suppe reichen.

PROFITIPP **Quimiq ist ein natürlicher, auf Milch basierender und entsprechend leichter Ersatz für Schlagsahne. Falls kein Quimiq zur Verfügung steht, kann für die oben beschriebene Schinkencreme die Rezeptvariante mit Gelatine angewendet werden.**
Die traditionellen Liebesknochen, im Französischen Eclairs genannt, sind üblicherweise mit einer süßen Creme gefüllt und mit Mokka- oder Schokoladenglasur überzogen. Die hier beschriebene pikante Version wird auch gerne für kalte Platten verwendet.

Tomaten-Aprikosensuppe

2 Zwiebeln
2 Knoblauchzehen
3 EL Rapsöl

500 g Tomaten ohne Haut, ohne Kerne (oder Pelati)
1 EL Zucker
400 ml Geflügel- oder Gemüsebrühe
100 ml Sahne

250 g Aprikosen, entsteint
Salz
schwarzer Pfeffer aus der Mühle

Für die Garnitur:
80 g Aprikosen, entsteint
16 Zitronenmelisseblätter

1 Zwiebeln und Knoblauch schälen, fein würfeln. In einem Topf das Öl erhitzen, Zwiebeln und Knoblauch darin bei kleiner Hitze glasig dünsten. Tomaten grob hacken, mit dem Zucker in den Topf geben. Brühe und Sahne zugießen, Suppe ohne Deckel 1 Stunde köcheln.

2 Aprikosen vierteln, in die Suppe geben und 15 Minuten mitköcheln. Dann im Mixer alles sehr fein pürieren und durch ein Sieb streichen. Wenn nötig, die Suppe mit etwas Brühe verdünnen. Mit Salz und Pfeffer abschmecken.

3 Für die Garnitur die Aprikosen und die Zitronenmelisseblätter in feine Streifen schneiden.

4 Zum Servieren die Suppe in Suppentassen oder -teller schöpfen, mit Aprikosen- und Zitronenmelissestreifen bestreuen.

PROFITIPP **Am besten gelingt die Suppe, wenn die Aprikosen vollreif und saftig sind, jedoch noch fest im Fleisch.**

Tomatensuppe mit Quarkklößchen

Für die Suppe:
1 kg Tomaten
100 g Butter
250 ml Fleisch- oder Gemüsebrühe
1 Thymianzweig
2 Schalotten, fein geschnitten
½ Knoblauchzehe, fein gehackt
Meersalz
schwarzer Pfeffer aus der Mühle
Zucker

Für die Klößchen:
100 g weiche Butter
3 Eigelb
50 g Grieß (Hartweizen)
250 g Magerquark, gut abgetropft
Salz, Pfeffer
frisch geriebene Muskatnuss

4 Scheiben Weißbrot
2 EL Butter

1 Bund Basilikum

1 Für die Suppe die Tomaten waschen, vierteln, die Kerne ausdrücken. Tomatenfruchtfleisch mit Butter, Brühe, Thymian, Schalotten und Knoblauch bei kleiner Hitze weich kochen. Die Masse durch ein Spitzsieb drücken, wenn nötig, mit dem Stabmixer aufmixen. Mit Salz, Pfeffer und Zucker würzen, Suppe warm halten.

2 Für die Klößchen die Butter mit Eigelb schaumig schlagen, den Grieß und den Quark unterrühren, mit Salz, Pfeffer und etwas Muskat würzen. In einem Topf Salzwasser zum Kochen bringen. Mit 2 Löffeln aus der Masse Klößchen stechen, formen und ins kochende Wasser geben. Hitze reduzieren und die Klößchen 10 Minuten am Siedepunkt ziehen lassen. In einem Sieb abtropfen lassen.

3 Die Rinde vom Brot entfernen, dann das Brot in kleine Würfel schneiden. In der Pfanne mit Butter zu knusprig goldenen Croûtons braten.

4 Basilikumblätter vom Stiel zupfen und in feine Streifen schneiden.

5 Zum Servieren die heiße Suppe mit Basilikum vermischen und in tiefe Teller füllen. Die Quarkklößchen darin verteilen, die Suppe mit Croûtons bestreuen.

Steinpilzcappuccino

150 g frische Steinpilze bester Qualität
1 Zwiebel
2 EL Haselnussöl

50 ml Weißwein
½ Knoblauchzehe, gehackt
700 ml Geflügel- oder Gemüsefond

150 ml Sahne
Salz
schwarzer Pfeffer aus der Mühle
Zitronensaft
60 g kalte Butter, in Flocken

15 g getrocknete Steinpilze

1 Steinpilze putzen und in Würfel schneiden. Zwiebel schälen und in feine Würfel schneiden. In einer Kasserolle das Öl stark erhitzen und die Steinpilze rundum anbraten, ohne dass sie Wasser ziehen. Hitze reduzieren, Zwiebel zugeben und mitbraten. Mit Weißwein ablöschen, Knoblauch und Fond zugeben und alles 15–20 Minuten köcheln. Die Sahne unterrühren, mit Salz, Pfeffer und etwas Zitronensaft abschmecken. Die Suppe im Mixer fein pürieren, danach die Butterflocken mit einem Schneebesen unterziehen.

2 Die getrockneten Steinpilze im Mörser zu Pulver zerstoßen.

3 Zum Servieren die heiße Suppe schaumig aufschlagen und in Suppentassen füllen, mit Steinpilzpulver bestreuen, sofort servieren.

PROFITIPP **Grundsätzlich könnte dieses Rezept mit allen Speisepilzen zubereitet werden. Steinpilze lassen sich geschmacklich hervorragend mit Butter und Sahne kombinieren, und die pulverisierten getrockneten Pilze runden den Cappuccino mit ihrem starken Aroma ab.**

Schaumsüppchen von frischen Waldpilzen

300 g Champignons, geputzt
2 Schalotten, geschält
1 l Wasser
250 ml Sahne
Salz, Pfeffer

50 g Steinpilze
50 g Pfifferlinge
50 g Totentrompeten
50 g Pieds de Moutons
(ersatzweise ein anderer Pilz, nach Marktangebot)

Olivenöl zum Braten
20 g Butter
Salz, Pfeffer

Für die Garnitur:
80 g frische Erbsen, blanchiert

1 Champignons und Schalotten hacken, mit dem Wasser zum Kochen bringen und auf die Hälfte einkochen. Im Mixer fein pürieren, Sahne hinzufügen, die Suppe mit Salz und Pfeffer würzen.

2 Die Waldpilze putzen, klein schneiden und jede Sorte einzeln in etwas Olivenöl scharf anbraten, bis sie leicht bräunen. Danach die Pilze zusammen in Butter braten, mit Salz und Pfeffer würzen.

3 Zum Servieren die Pilze auf vorgewärmte Suppenteller verteilen. Die Suppe nochmals erhitzen und mit dem Stabmixer aufschäumen. In die Teller schöpfen, mit Gartenerbsen bestreuen und servieren.

PROFITIPP **Das farbliche Zusammenspiel der verschiedenen Waldpilze ist nicht nur ein Garant für schönes Aussehen, auch der Geschmack intensiviert sich durch die Vielfalt. Das Braten hebt ebenfalls die geschmacklichen Eigenheiten hervor. Dabei sollte darauf geachtet werden, dass Pilze stets heiß angebraten werden, da sie sonst sehr leicht Wasser ziehen und dadurch eine zu weiche Konsistenz erhalten.**

Weiße Zwiebelcremesuppe mit Riesling

4 mittelgroße, weiße Zwiebeln
30 g Butter
2 EL Weizengrieß
200 ml Riesling
1 l Geflügelbrühe oder -fond
125 ml Sahne
2 Eigelb
80 g frisch geriebener Parmesan
feines Meersalz
weißer Pfeffer aus der Mühle
1 Prise frisch geriebene Muskatnuss

1. Zwiebeln schälen, vierteln, die Viertel in möglichst feine Scheiben schneiden. In einem großen Topf die Zwiebelscheiben in der Butter bei kleiner Hitze 3–4 Minuten glasig schwitzen. Den Grieß unterrühren, mit Riesling ablöschen und zum Kochen bringen. Dann die Geflügelbrühe dazugießen, erneut zum Kochen bringen, die Suppe 25–30 Minuten köcheln.

2. In einer kleinen Schüssel die Sahne mit Eigelb und Parmesan verrühren. Die Suppe vom Herd nehmen und unter kräftigem Rühren mit dem Schneebesen die Sahnemischung hinzufügen. Die Suppe soll leicht gebunden sein, wenn nötig, nochmals sanft erhitzen, jedoch nicht mehr kochen lassen. Mit Salz, Pfeffer und Muskat würzen.

3. Zum Servieren die Zwiebelsuppe in vorgewärmte Suppenteller schöpfen, sofort servieren.

PROFITIPP Der mild-würzige Geschmack der weißen Zwiebel in Kombination mit Riesling, Sahne und Parmesan ist sehr harmonisch und verleiht dieser Suppe Eleganz und Rasse.

Soupe au Pistou

50 g getrocknete Bohnenkerne

Für den Pistou:
6 Knoblauchzehen
85 g Basilikumblätter
100 g geriebener Parmesan
80 ml Olivenöl

Für die Suppe:
1 Zwiebel, gehackt
2 Knoblauchzehen, gehackt
2 EL Olivenöl
½ Stange Staudensellerie
1 Karotte, geschält
2 Kartoffeln, geschält
150 g grüne Bohnen, geputzt
500 ml Hühner-, Fleisch- oder Gemüsebrühe
1 l Wasser

2 Tomaten, enthäutet und entkernt
200 g Zucchini, geputzt
100 g Erbsen
120 g Fadennudeln, in Stücke gebrochen
Salz, Pfeffer

1 Die Bohnenkerne über Nacht in kaltem Wasser einweichen.

2 Am nächsten Tag die Bohnen durch ein Sieb abschütten, in einem Topf mit kaltem Wasser bedeckt ohne Salzbeigabe zum Kochen bringen. Die Hitze reduzieren, ca. 1 Stunde köcheln, bis die Bohnen weich sind. Im Sieb gründlich abtropfen lassen.

3 Für den Pistou den Knoblauch, Basilikum und Parmesan im Mixer fein pürieren oder im Mörser von Hand zerstampfen. Nach und nach das Olivenöl in die Paste arbeiten, so dass eine glatte Masse entsteht. Mit Klarsichtfolie zugedeckt beiseite stellen.

4 Für die Suppe in einem großen Topf die Zwiebel und den Knoblauch im Olivenöl bei kleiner Hitze glasig dünsten. Sellerie und Karotten fein würfeln und etwa 10 Minuten mitdünsten. Die Kartoffeln würfeln, grüne Bohnen in Stücke schneiden, beides in den Topf geben. Mit Brühe und Wasser aufgießen, aufkochen und 10 Minuten köcheln. Tomaten und Zucchini in Würfel schneiden, mit den

vorbereiteten Bohnenkernen, den Erbsen und den Fadennudeln zur Suppe geben und zum Kochen bringen. Erneut 10 Minuten köcheln, das Gemüse soll noch Biss haben. Mit Salz und Pfeffer abschmecken.

5 Zum Servieren die Suppe in tiefe Teller schöpfen, die Pistou-Paste in getrennten Schälchen dazu reichen.

PROFITIPP Pistou ist die südfranzösische Variante des italienischen Pesto. Sie aromatisiert perfekt die Gemüsesuppe, passt aber ebenso zu Pasta-Gerichten, mediterranen Eintöpfen und zu manchen Fischsuppen.

Cappuccino von Hummer und Languste

400 g Karkassen vom Hummer und der Languste
1 Stange Staudensellerie
das Weiße von 1 Lauchstange
1 Zwiebel
½ Fenchelknolle
1 Karotte
20 g Ingwer
2 Knoblauchzehen
60 ml Pflanzenöl
1 TL Tomatenmark
100 g Butter
3 cl Pernod
3 cl Wermut
200 g geschälte Tomaten, geviertelt
200 ml Weißwein
800 ml Krustentier- oder Fischfond
500 ml Sahne
Cayennepfeffer
Salz
wenig Cognac

1 Die Karkassen klein hacken. Sellerie, Lauch, Zwiebel, Fenchel und Karotte putzen und in grobe Würfel schneiden. Ingwer und Knoblauch schälen und klein schneiden.

2 Das Öl in einem großen Topf mäßig erhitzen. Die gehackten Karkassen unter Rühren anschwitzen, dann das Röstgemüse (Mirepoix), Ingwer und Knoblauch beigeben und anbraten, ohne Farbe nehmen zu lassen. Tomatenmark unterrühren, Butter darin schmelzen lassen, mit Pernod und Wermut ablöschen. Die Tomaten zugeben, mit Wein, Fond und Sahne aufgießen. Zum Kochen bringen und die Flüssigkeit bei kleiner Hitze auf die Hälfte einkochen. Den Fond durch ein feines Sieb passieren, dabei die Karkassen und das Gemüse mit einer Kelle gut ausdrücken. Die Suppe mit Cayennepfeffer, Salz und etwas Cognac abschmecken.

3 Zum Servieren die heiße Suppe mit dem Pürierstab schaumig aufschlagen und in Cappuccinotassen oder Suppenschalen schöpfen.

PROFITIPP **Karkassen vom Hummer und von der Languste sind begehrt und nicht immer einfach zu bekommen. Beim Fischhändler vorbestellen!**

Dunkelbiersüppchen mit Räucheraal und Rollgerste

1 Schalotte
50 g Butter
2 EL Rollgerste
750 ml Geflügelfond
250 ml dunkles Bier (Stark- oder Bockbier)

100 g Crème fraîche
Salz, Pfeffer
frisch geriebene Muskatnuss

250 g geräuchertes Aalfilet

2 EL frisch gehackte Petersilie

1 Die Schalotte schälen und in feine Würfel schneiden. In einer Kasserolle die Butter aufschäumen lassen. Schalotte und Gerste hinzufügen, unter Rühren anschwitzen, ohne Farbe nehmen zu lassen. Mit Geflügelfond und Bier aufgießen, mit dem Schneebesen gut vermischen und köcheln, bis die Gerste weich ist. Falls die Flüssigkeit zu stark einkocht, mit etwas Wasser verdünnen.

2 Wenn die Gerste weich gekocht ist, die Crème fraîche unter die Suppe rühren, mit Salz, Pfeffer und etwas Muskat abschmecken.

3 Den geräucherten Aal in ca. 2 cm große Stücke schneiden.

4 Zum Servieren die Aalstücke in vorgewärmte Suppenteller verteilen, die Suppe darüber schöpfen und mit Petersilie bestreuen.

PROFITIPP **Die Würze des Räucheraals profitiert von der leichten Malzsüße des Dunkelbiers – ein Kontrast, der passt.**

Silvaner Kartoffelrahmsüppchen mit Flusskrebsen und Jakobsmuschel

600 g mehlig kochende Kartoffeln
1 l Fleischbrühe
20 g Butter
Salz und weißer Pfeffer aus der Mühle
frisch geriebene Muskatnuss

2 TL Mehl
150 ml Silvaner Kabinett (Bocksbeutel)
100 ml Sahne

4 Jakobsmuscheln, ausgelöst
1 EL Butter
8 Flusskrebse, gekocht

120 ml Sahne

1 Kartoffeln waschen, schälen und in Würfel schneiden. Mit der Brühe in einem Topf weich kochen. Die Butter hinzufügen und alles mit dem Stabmixer fein pürieren. Mit Salz, Pfeffer und einer Prise Muskat abschmecken. Das Mehl mit dem Wein anrühren und unter die Kartoffeln geben, unter Rühren mit dem Schneebesen erhitzen, bis das Mehl bindet. Sahne unterrühren, nochmals abschmecken und warm halten.

2 Die Jakobsmuschelnüsschen in einer Pfanne von beiden Seiten in der Butter braten und leicht bräunen. Das Fleisch der Flusskrebse ausbrechen und über Dampf erwärmen.

3 Die Sahne steif schlagen und in einen Spritzbeutel füllen.

4 Zum Servieren die Suppe schaumig aufschlagen und in tiefe Teller füllen. Je eine gebratene Jakobsmuschel und zwei Flusskrebsschwänze einlegen, mit Sahne garnieren und servieren.

PROFITIPP **Eine festliche, leichte Suppe, die sich leicht in ein Fischmenü einfügen lässt.**

Italienische Edelfischsuppe

Für den Fond:
500 g Fischkarkassen
1 Fenchelknolle
1 Zwiebel
2 Knoblauchzehen
100 g Staudensellerie
1 Karotte
4 Schalotten
50 ml Olivenöl
4 cl Pernod
4 cl trockener Wermut
300 ml Weißwein
500 ml Wasser
600 g reife Eiertomaten
1 Lorbeerblatt
8 Wacholderbeeren
1 TL Senfkörner
Salz

Für die Einlage:
80 g Egerlinge, geputzt
½ rote Chilischote, entkernt
2 Schalotten, geschält
1 kleine Karotte, geschält
¼ Stange Lauch (nur das Weiße), gewaschen
1 Stück Sellerie, geschält
1 kleiner Zucchino
100 g Broccoliröschen

400 g gemischte Filets vom Edelfisch (z.B. Lachs, Lotte, Zander)
100 g Fleisch vom Tintenfisch
4–8 Garnelenschwänze
100 g Vongole (Venusmuscheln)
2 EL Olivenöl, 1 Msp. Safran

½ Knoblauchzehe, Salz
1 EL Basilikum, in feine Streifen geschnitten
4 Basilikumzweige

1 Die Fischkarkassen hacken, das Gemüse putzen und in Würfel schneiden. In einem flachen Topf die Karkassen mit Gemüsewürfeln im Olivenöl anschwitzen, ohne zu bräunen. Mit Pernod und Wermut ablöschen, mit Weißwein und Wasser auffüllen. Die Tomaten vierteln und hinzufügen, Lorbeerblatt, Wacholder und Senfkörner unterrühren und das Ganze zum Kochen bringen. Bei reduzierter Hitze etwa 30 Minuten sanft köcheln, dann den Fond durch ein feines Sieb passieren. Mit Salz leicht würzen.

2 Egerlinge in Scheiben schneiden, Chilischote und Schalotten fein würfeln. Karotte, Lauch, Sellerie und Zucchino in sehr dünne, regelmäßige Streifen schneiden (Julienne), dabei Zucchini getrennt halten. Zucchinijulienne und Broccoli in Salzwasser ca. 1 Minute blanchieren, im Sieb abtropfen lassen. Die Fischfilets und den Tintenfisch in 1 cm große Würfel schneiden, die Garnelenschwänze längs halbieren, Vongole gründlich waschen.

3 Die Egerlinge im Olivenöl heiß anbraten, mit dem zuvor bereiteten Fond ablöschen. Safran, Chili, Schalotten und Gemüsejulienne zugeben, einmal kurz aufkochen lassen. Zucchini und Broccoli unterrühren, dann die vorbereitete Edelfischeinlage zugeben. Noch einmal kurz vor den Siedepunkt erhitzen, den Fisch 1–2 Minuten pochieren. Den Knoblauch hineindrücken, mit Salz abschmecken, zum Schluss die Basilikumstreifen unterrühren.

4 Zum Servieren die Fischsuppe in tiefe Teller schöpfen, mit kleinen Basilikumzweigen garnieren.

PROFITIPP **Fischkarkassen nie zu heiß anbraten, da sie sonst ihre intensiven Aromastoffe verlieren. Der würzige Fond kann im Voraus zubereitet werden und lässt sich sogar tiefkühlen.**

Klare Karottensuppe mit Kaninchencarpaccio und Karotten-Wan-Tan

Für die Suppe:
150 g Rinderhesse (Wadenfleisch)
2 Karotten
1 Stange Staudensellerie

1 l Karottensaft
100 ml Orangensaft
Salz, Pfeffer
frisch geriebene Muskatnuss

1 Karotte, 1 Schalotte
½ TL geriebener Ingwer
2 EL Pflanzenöl
Salz, Pfeffer
4 Blätter Wan-Tan Teig (Asiashop)
1 Eiweiß
Öl zum Frittieren

2 Kaninchenrückenfilets

1. Für die Suppe das Rindfleisch mit Karotten und Staudensellerie durch den Fleischwolf drehen. Die Masse im Kühlschrank gut kühlen.

2. Karotten- und Orangensaft in einen Topf geben, die kalte Fleischmasse zugeben und unter vorsichtigem Rühren langsam zum Kochen bringen, bis die Fleischmasse in der Flüssigkeit nach oben steigt. Die so geklärte Suppe durch ein Tuch in einen anderen Topf passieren und nochmals zum Kochen bringen. Mit Salz, Pfeffer und Muskat würzen.

3. Karotte und Schalotte schälen und sehr fein würfeln. In einer Pfanne zusammen mit dem Ingwer im Öl bei kleiner Hitze weich dünsten. Mit Salz und Pfeffer würzen. Die Wan-Tan Teigblätter flach auslegen, Ränder mit Eiweiß einpinseln, die Blätter mit der Karottenmasse füllen. Teigränder einschlagen und kleine Päckchen formen, dabei die Ränder gut andrücken. Die Wan-Tan im 180 °C heißen Öl in der Fritteuse goldbraun ausbacken.

4. Die Kaninchenfilets in 8 gleichmäßig große Stücke schneiden, die Stücke zwischen zwei Folien möglichst dünn zu Carpaccioscheiben klopfen.

5. Zum Servieren je zwei Kaninchen-Carpaccioscheiben und ein Wan-Tan in vorgewärmte tiefe Teller geben und mit heißer Suppe auffüllen.

Kartoffel-Lauchsuppe
mit gebratener Blutwurst

2 Kartoffeln
1 Karotte
1 Petersilienwurzel
1 kleines Stück Sellerie
1 Stange Lauch
1 Knoblauchzehe, geschält

50 g durchwachsener Speck, gewürfelt

2 EL Olivenöl
1 l Rinderbrühe
Salz
schwarzer Pfeffer aus der Mühle
frisch geriebener Muskat

100 g Blutwurst
Mehl zum Wenden
2 EL Butter

1 Kartoffeln, Karotte, Petersilienwurzel und Sellerie schälen und in Würfel schneiden, den Lauch gründlich waschen und in Stücke schneiden. Knoblauchzehe mit einem großen Messer flachquetschen.

2 In einem großen Topf Kartoffel- und Gemüsewürfel, Knoblauch und Speck im Olivenöl bei kleiner Hitze anschwitzen. Mit Rinderbrühe aufgießen, dann 1 Stunde lang köcheln. Mit dem Stabmixer fein pürieren und die Suppe durch ein Sieb passieren. Mit Salz, Pfeffer und etwas Muskat würzen.

3 Blutwurst in Scheiben schneiden und im Mehl wenden. In einer Pfanne die Butter erhitzen. Die Blutwurstscheiben einlegen und von beiden Seiten kurz und heiß anbraten.

4 Zum Servieren die Suppe in tiefe Teller oder Schalen schöpfen, mit gebratenen Blutwurstscheiben garnieren.

PROFITIPP **Die bewährte Kombination von Kartoffeln und Blutwurst einmal anders – die feine, cremige Suppe mit der gebratenen, aromatischen Wurst.**

Muschelsüppchen

600 g Miesmuscheln

2 EL Butter
½ Zwiebel, fein gehackt
1 Knoblauchzehe, gehackt
150 g in feine Streifen (Julienne) geschnittenes Gemüse (Karotte, Sellerie, Lauchweiß)
250 ml Weißwein
100 ml Wasser
2 Dillzweige
2 Petersilienzweige

80 ml Tomatensugo
120 g geriebener Emmentaler

4 Scheiben Baguettebrot
2 EL Olivenöl
50 g Bärlauchpesto

500 ml Fischfond
30 g kalte Mehlbutter
2 cl Ricard oder Pernod
2 cl Cognac
125 ml Sahne
1 EL gehackte Petersilie
1 EL gehackter Dill
Salz
weißer Pfeffer aus der Mühle

1. Die Miesmuscheln unter fließendem kalten Wasser mit einer Bürste gründlich reinigen, geöffnete Muscheln entfernen.

2. In einem großen Topf die Butter erhitzen. Zwiebel und Knoblauch bei kleiner Hitze anschwitzen, Gemüsestreifen und Muscheln zugeben und mitdünsten. Weißwein und Wasser dazu gießen, die Kräuterzweige einlegen und alles zugedeckt 8–10 Minuten köcheln. Danach die Muscheln im Fond erkalten lassen, ungeöffnete Muscheln entfernen. Nach dem Erkalten die Muscheln aus dem Fond nehmen, das Muschelfleisch aus den Schalen lösen, warm halten. Von den Muschelschalen 8 schöne und intakte Exemplare beiseite legen.

3. Die beiseite gelegten Muschelschalen mit je einer ausgelösten Muschel füllen, mit je einem Teelöffel Sugo bestreichen und mit geriebenem Emmentaler bestreuen. Die Muscheln im Backofen bei Oberhitze überbacken, bis der Käse geschmolzen und leicht gebräunt ist. Warm halten.

4 Brotscheiben in der Pfanne mit Olivenöl von beiden Seiten goldbraun rösten, mit Bärlauchpesto bestreichen, warm halten.

5 Muschelfond mit Fischfond in einem Topf zum Kochen bringen, mit der Mehlbutter leicht binden, mit Ricard und Cognac würzen, dann die Sahne und die gehackten Kräuter unterrühren. Mit Salz und Pfeffer abschmecken und die Suppe nochmals zum Kochen bringen.

6 Zum Servieren das ausgelöste Muschelfleisch in die vorgewärmten Suppentassen verteilen, mit heißer Suppe auffüllen. Die überbackenen Muscheln und die Bärlauchcrostini getrennt dazu reichen.

PROFITIPP **Miesmuscheln, wie auch alle anderen Muschelsorten, sollten vor dem Verzehr sorgfältig sortiert werden: im Rohzustand bereits geöffnete Muscheln sind nicht mehr verwendbar und müssen entfernt werden. Während des Kochvorgangs sollen sich die Muscheln öffnen, Muscheln, die verschlossen bleiben, ebenfalls entfernen. Bevor Muscheln zubereitet werden, sollten sie in kaltem klaren Wasser gewässert und dann gründlich im Sieb unter fließendem Wasser gespült werden. So kann eventuell vorhandener Sand im Innern der Muscheln ausgespült werden.**

Tom Kha Gai
Hühnersuppe mit Zitronengras

500 g Hühnerbrust
250 g Austernpilze oder Champignons
2 mittelgroße Tomaten
3 thailändische Chilischoten
2 Stängel Zitronengras
1 Stück Galgant, ca. 50 g
3 Kaffir-Limettenblätter

400 ml Kokosmilch (ungesüßt)
500 ml Wasser
thailändische Fischsauce
frisch gepresster Saft von 2 Limetten

8 Zweige Koriander, gewaschen

1 Die Hühnerbrust in ca. 2 × 4 cm große Streifen schneiden. Die Pilze putzen, waschen und in kleine Stücke schneiden. Von den Tomaten den Stielansatz entfernen, dann die Tomaten vierteln oder achteln. Den Stielansatz der Chilischoten zusammen mit den Kernen entfernen, die Schoten in dünne Ringe schneiden. Zitronengras waschen und in 2 cm lange Stücke schneiden, Galgant schälen und in dünne Scheiben schneiden, Limettenblätter waschen und trocknen.

2 In einem Topf die Kokosmilch zum Kochen bringen. Galgant, Zitronengras und Limettenblätter zugeben, bei mittlerer Hitze 2 Minuten köcheln. Wasser hinzufügen und zum Kochen bringen. Die Suppe durch ein Sieb passieren. Nun das Fleisch, die Pilze und die Tomaten zugeben und weitere 5 Minuten köcheln. Den Topf vom Herd nehmen, die Suppe mit Fischsauce und Limettensaft würzen.

3 Zum Servieren die Suppe in kleine Schüsseln schöpfen, mit Chiliringen und gezupften Korianderblättern garnieren.

PROFITIPP **Tom Kha Gai ist gewissermaßen die thailändische Nationalsuppe. Je nach gewünschter Schärfe kann ein Teil der Chili im Fond mitgekocht werden. Thailändische Fischsauce ist im Handel erhältlich und sehr würzig. Sie sollte nicht mitgekocht werden, deshalb erst zum Schluss zum Würzen verwenden.**

Jägertee vom Hirsch
mit Pfifferling-Brezen-Crostini und Wachtelspiegelei

1,5 l ungeklärter Wildfond

Zum Klären:
400 g Wildfleisch
1 Karotte
1 Petersilienwurzel
1 Stück Lauch
½ Zwiebel
2 Eiweiß
je 1 Zweig Thymian und Rosmarin
2 Salbeiblätter
1 Lorbeerblatt
5 Wacholderbeeren
Muskat
5 zerstoßene Eiswürfel, Salz

2 dünne Brezenstangen (Laugen)
1 EL Olivenöl
100 g gehackte Zwiebeln
200 g Pfifferlinge, geputzt und gehackt
2 EL Olivenöl
30 g getrocknete Tomaten, gehackt
1 EL gehackte Petersilie
Salz, Pfeffer
4 Wachteleier

1 Zum Klären des Wildfonds das Wildfleisch mit Karotte und Petersilienwurzel durch den Fleischwolf drehen. Lauch und Zwiebel klein schneiden, mit dem Eiweiß unter das Fleisch mengen. Diese Mischung in einen großen Topf geben, Kräuter, Wacholder, Muskat und Eis dazugeben, mit Wildfond auffüllen. Langsam erhitzen, dabei immer wieder mit einem Bratenwender am Topfboden rühren, damit das Eiweiß nicht ansetzt. Wenn die Brühe kocht, Hitze reduzieren, nicht mehr umrühren und den Fond köcheln, bis sich der Fleischkuchen absetzt. Den Fond vorsichtig durch ein Passiertuch gießen, mit Salz abschmecken.

2 Laugenstangen der Länge nach halbieren und jede Hälfte in Form eines Löffels zuschneiden. Schnittflächen in Olivenöl anrösten, die Crostini beiseite legen. Nun Zwiebeln und Pfifferlinge im Öl anbraten, Tomaten unterrühren und bei kleiner Hitze weich dünsten. Mit Petersilie vermischen, mit Salz und Pfeffer würzen. Die Wachteleier in der Pfanne als Spiegeleier zubereiten. Die Crostini mit der Pfifferlingmasse bestreichen, auf die »Löffel« jeweils ein Spiegelei setzen.

3 Zum Servieren den heißen Fond in Teegläser füllen, Brezen-Crostini dazu legen.

Orangensahnesuppe mit Entenbrustspieß

300 g Möhren
2 Schalotten
40 g Butter
Salz, Pfeffer
500 ml Orangensaft

500 ml Sahne
1 unbehandelte Orange
500 ml Gemüsebrühe
Salz, Pfeffer

4 Flugentenbrüste
4 EL Olivenöl
Salz, Pfeffer

Beilage nach Belieben:
Focaccia mit Oliven

1 Möhren schälen, klein schneiden und in Salzwasser ca. 8 Minuten kochen, danach durch ein Sieb abgießen. Schalotten schälen und würfeln. In einem Topf die Butter auslassen. Schalottenwürfel darin anschwitzen, Möhren zugeben, mit wenig Salz und Pfeffer würzen. Mit Orangensaft auffüllen und auf die Hälfte einkochen.

2 Die Hälfte der Sahne steif schlagen, in einen Spritzsack füllen und kalt stellen. Die Orange waschen, mit einem Zestenschneider aus der Schale dünne Streifen ziehen, diese ebenfalls beiseite stellen. Die Orange halbieren, die Hälften auspressen und den Saft durch ein Sieb in die Orangenreduktion geben. Gemüsebrühe zugießen und zum Kochen bringen. Etwa 5 Minuten köcheln, danach die Suppe mit dem Stabmixer sehr fein pürieren. Restliche Sahne unterrühren, noch einmal aufkochen, mit Salz und Pfeffer abschmecken.

3 Entenbrüste von einem Teil der Haut befreien und quer in 1 cm dicke Scheiben schneiden. Die Scheiben auf vier Holzspieße stecken und in einer Pfanne bei mäßiger Hitze von allen Seiten im Olivenöl ca. 8 Minuten braten, das Fleisch soll innen rosa bleiben. Mit Salz und Pfeffer würzen, warm halten.

4 Zum Servieren die Orangensuppe in Suppentassen schöpfen. Jeweils etwas Sahne obenauf spritzen, mit Orangenzesten bestreuen. Mit je einem Entenbrustspieß belegen und servieren. Olivenfocaccia getrennt dazu servieren.

Pot au Feu vom Tafelspitz mit Ravioli und Wurzelgemüse

600 g gepökelter Rindertafelspitz
2 Markknochen, geputzt
2 Karotten
2 Petersilienwurzeln
¼ Sellerieknolle
1 kleine Lauchstange
1 Zwiebel
1 Knoblauchzehe, geschält
10 Pimentkörner
1 Zweig Blattpetersilie
1 Zweig Ysop
Salz
schwarzer Pfeffer aus der Mühle

Für die Ravioli:
1 Ei
2 Eigelb
1 TL kalt gepresstes Olivenöl
200 g Mehl, gesiebt
1 gute Prise Himalajasalz
100 g Blattspinat, geputzt
abgezupfte Blättchen
von 1 Thymianzweig
gehacktes Geflügelfleisch
1 EL steif geschlagene Sahne
Himalajasalz
1 kleines Ei, verquirlt

Gemüseeinlage:
2 Kartoffeln
1 Karotte
1 Stück Sellerie
½ Kohlrabi
¼ Lauchstange
1 Petersilienwurzel

2 EL fein geschnittene Kräuter
(Thymian, Petersilie, Schnittlauch
und Liebstöckel)

1 Das Fleisch mit den Knochen in einen großen Topf legen. Karotten, Petersilienwurzeln und Sellerie schälen, Lauch gründlich waschen. Zwiebel mit Schale quer halbieren, die Schnittflächen auf dem Grill oder in der Pfanne ohne Fett bräunen. Gemüse und Zwiebelhälften zum Fleisch geben. Knoblauch, Piment und Kräuter hinzufügen, mit kaltem Wasser auffüllen, bis alles gut bedeckt ist, und zum Kochen bringen. Die Hitze reduzieren und das Fleisch am Siedepunkt garen, bis es weich ist. Während dem Sieden immer wieder den Schaum abschöpfen. Wenn der Tafelspitz gar ist, das Fleisch herausnehmen, die Brühe mit Salz und Pfeffer abschmecken und durch ein Etamintuch oder ein gebrühtes Baumwolltuch passieren. Das Fleisch zurück in die Brühe legen, beiseite stellen.

2 Für die Ravioli das Ei mit Eigelb, Öl und Salz in einer Schüssel mit dem Schneebesen gut verrühren. Nach und nach das Mehl zugeben und alles mit den Händen zu einem glatten, elastischen, aber festen Teig verarbeiten. Zu einer Kugel formen, in Frischhaltefolie wickeln, im Kühlschrank 30 Minuten ruhen lassen.
Den Spinat in kochendem Salzwasser 10 Sekunden blanchieren, in Eiswasser abschrecken, danach in einem Tuch gut ausdrücken. Spinat mit Thymian fein hacken, mit Geflügelhack und Sahne vermischen, mit Salz leicht würzen. Ravioliteig dünn ausrollen. Auf die eine Teighälfte mit einem Löffel kleine Häufchen von der Füllung setzen, den Teig rundum mit verquirltem Ei bepinseln und mit der zweiten Teighälfte bedecken. Ränder zwischen den Füllungen festdrücken und mit einer runden Ausstechform Ravioli ausstechen. So sollten ca. 12 Stück hergestellt werden.
Die Ravioli auf bemehltem Backpapier flach auslegen und im Kühlschrank kühlen (falls Ravioli übrig sind, können sie eingefroren werden).

3 Für die Gemüseeinlage alles Gemüse waschen und schälen oder putzen und möglichst gleichmäßig in Rauten schneiden. In der vorbereiteten Brühe knapp gar kochen, mit der Lochkelle herausheben, warm halten. Die Brühe zurück zum Fleisch gießen. Die Kartoffeln getrennt in Salzwasser weich kochen, danach in einem Sieb abtropfen lassen.

4 Ravioli in kochendes Salzwasser geben und bei reduzierter Hitze 4–5 Minuten köcheln.

5 Zum Servieren den Tafelspitz aufschneiden, mit den Ravioli in vorgewärmte tiefe Teller geben. Gemüse und Kartoffeln dazugeben, mit Kräutern bestreuen und mit etwas heißer Brühe halb auffüllen. Die restliche Brühe in einer Schüssel dazu reichen.

PROFITIPP **Sowohl Brühe als auch Ravioli und Knödel (siehe Rezept auf Seite 90/91) sind etwas arbeits- und zeitaufwändig. Deswegen lohnt es sich, gleich eine größere Menge zuzubereiten. Brühe, Ravioli und Knödel lassen sich gut einfrieren (Ravioli nur 1 Minute blanchieren, Knödel fertig garen, beides lose auf einem Blech gefrieren lassen, später in Gefrierbeutel füllen und bei Bedarf einzeln entnehmen).**

Pot au Feu vom Täubchen

4 junge Tauben, vom Metzger küchenfertig vorbereitet
ca. 2 l Geflügelfond

2 Karotten
1 Kohlrabi
100 g Perlzwiebeln
1 dünne Lauchstange
6 Wirsingblätter
2 Kartoffeln

Nach Belieben:
100 g Gänsestopfleber, geputzt
1 kleine schwarze Trüffel

Guérande-Salz (Fleur de Sel)

1 Die Tauben innen und außen gründlich waschen und in einen passenden Topf geben. Mit Geflügelfond auffüllen, bis die Tauben bedeckt sind, und langsam erhitzen. Vor Erreichen des Siedepunkts die Hitze halten, die Tauben 30 Minuten pochieren. Im Fond erkalten lassen, dann das Fleisch aus Brust und Keulchen auslösen. Den Fond durch ein Tuch passieren, 800 ml davon für die Suppe abmessen und in einen Topf geben.

2 Karotten, Kohlrabi und Zwiebelchen schälen, nach Belieben zuschneiden. Lauch gründlich waschen und in Scheiben schneiden, von den Wirsingblättern die inneren dicken Rippen entfernen, Blätter je nach Größe halbieren oder vierteln. Alle Gemüse in Salzwasser gar kochen, im Sieb abtropfen lassen. Kartoffeln ebenfalls schälen, in Würfel schneiden und in Salzwasser weich kochen.

3 Gänseleber mit Geflügelfond bedeckt erhitzen. Ohne kochen zu lassen die Leber 20 Minuten pochieren, danach in Stücke schneiden. Die Trüffel in feine Scheiben schneiden oder hobeln.

4 Geflügelfond erhitzen, mit Salz und Pfeffer abschmecken.

5 Zum Servieren das Taubenfleisch mit Gemüse und Kartoffeln in vorgewärmten tiefen Tellern hübsch anordnen, mit Gänseleber und Trüffelscheiben garnieren. Den heißen Fond vorsichtig angießen, das Ganze mit Guérande-Salz bestreuen.

Rinderkraftbrühe mit Tafelspitz und dreierlei Knödel

1 kg Rinderknochen
3 Zwiebeln
2 dicke Karotten
1 Sellerieknolle, geschält
1 Bund Lauchzwiebeln
1 kleines Bund Liebstöckel
10 Pfefferkörner
3 Lorbeerblätter
2 Wacholderbeeren
2 EL Salz
2 EL Brühpulver (Reformhaus)

1 kg Tafelspitz
Salz, Pfeffer
2 cl Sherry

Leberknödel:
1 kleines Bund Petersilie
1 Zwiebel, fein gewürfelt
1 EL Butterschmalz
1 Knoblauchzehe, gehackt
3 altbackene Semmeln, fein gewürfelt
2 Eier, verquirlt
100 g Kalbs- oder Rinderleber
1 TL gehackter Majoran
1 Prise geriebene Muskatnuss
1 TL Salz
Pfeffer aus der Mühle
2–3 EL Semmelbrösel

Brätknödel:
250 g Kalbsbrät (beim Metzger vorbestellen)
Salz, Pfeffer aus der Mühle
1 Prise frisch geriebene Muskatnuss
100 ml Sahne
2 EL fein gehackte Petersilie

Speckknödel:
6 altbackene Semmeln, fein gewürfelt
125 ml Milch
1 Zwiebel
100 g geräucherter Speck
100 g Hartwurst (z.B. Landjäger, Pfefferbeißer oder Kaminwurzen)
1 EL Butterschmalz
2 EL fein gehackte Petersilie
3 Eier
1 TL fein gehackter Majoran
1 Prise frisch geriebene Muskatnuss
Pfeffer aus der Mühle, Salz
1–2 EL Semmelbrösel (nach Bedarf)

1 Am Vortag die Brühe zubereiten: Knochen in kochendem Wasser 3 Minuten blanchieren, danach in kaltem Wasser abschrecken. Die Zwiebeln quer halbieren und in einer Pfanne auf Alufolie schwarz anrösten. Restliches Gemüse waschen und grob zerkleinern. Alle Zutaten für die Brühe mit den Knochen in einem großen Topf mit kaltem Wasser bedecken. Liebstöckel und Gewürze zugeben, das Ganze

langsam zum Kochen bringen, dann bei reduzierter Hitze etwa 5 Stunden ziehen lassen. Anschließend die Brühe durch ein Sieb und dann durch ein Tuch passieren.

2 Die am Vortag zubereitete Brühe zum Kochen bringen, das rohe Fleisch einlegen, die Hitze reduzieren. Am Siedepunkt ohne Deckel 2–3 Stunden garen, das Fleisch soll von der Gabel fallen, wenn man es ansticht. Das Fleisch in kaltem Salzwasser bis zum Verzehr aufbewahren, damit es nicht austrocknet. Die Brühe durch ein Tuch passieren, kräftig mit Salz und Pfeffer abschmecken, mit Sherry verfeinern.

3 Leberknödel: Petersilienblätter abzupfen und fein hacken. Die Stängel grob hacken und mit der Zwiebel im Butterschmalz anschwitzen, bis die Zwiebel beginnt zu bräunen. Knoblauch zugeben, kurz mitdünsten. Erkalten lassen. Semmelwürfel mit den Eiern vermischen und einweichen. Leber mit der abgekühlten Zwiebel-Petersilienmischung durch den Fleischwolf drehen (feine Scheibe), zu den Semmeln geben, mit gehacktem Majoran, Muskat, Salz und Pfeffer gut vermischen. Die Masse 30 Minuten in den Kühlschrank stellen. Einen Topf mit Wasser zum Kochen bringen und kräftig salzen. Die Lebermasse mit den Bröseln leicht andicken, der Teig soll weich und leicht flüssig sein, sonst werden die Knödel zu fest. Mit einem Suppenlöffel kleine Knödel formen und ins wallende Wasser geben. Die gesamte Masse verarbeiten, die Knödel 10–15 Minuten ziehen lassen.

4 Brätknödel: Kalbsbrät mit Salz, Pfeffer und Muskat würzen, mit Sahne und Petersilie gut vermischen. Einen Topf mit Wasser zum Kochen bringen und kräftig salzen. Mit einem Suppenlöffel kleine Knödel formen und ins wallende Wasser geben. Die gesamte Masse verarbeiten, die Knödel 10–15 Minuten gar ziehen lassen.

5 Speckknödel: Semmelwürfel in einer Schüssel mit der kochend heißen Milch übergießen. Mit einem Löffel vermischen und einweichen lassen. Zwiebel, Speck und Hartwurst fein würfeln, in Butterschmalz goldbraun rösten, mitsamt dem Fett zu den Semmeln geben. Die gehackte Petersilie und die Eier hinzufügen und gut vermischen. Mit Majoran, Muskat, Pfeffer und wenig Salz würzen. Den Teig während 30 Minuten ruhen lassen. Wenn er zu feucht ist, 1–2 Löffel Semmelbrösel untermischen. Aus dem Teig mit einem Suppenlöffel oder von Hand kleine Knödel formen und im siedenden Salzwasser bei reduzierter Hitze (das Wasser soll nicht kochen) 10–15 Minuten gar ziehen lassen.

DEUTSCHLAND

**Restaurant Graf Zeppelin
im Hotel im Sachsenpark**
Euro-Toques Sterne-Koch Mike Schneider
Walter-Köhn-Straße 3
04356 Leipzig-Messe
Tel. 0341 52520
Fax 0341 5252528
www.sachsenparkhotel.de

Flair Hotel Blauer Engel
Euro-Toques Sterne-Koch Benjamin Unger
Altmarkt 1
08280 Aue/Sachsen
Tel. 03771 5920
Fax 03771 23173
www.flairhotel.com/blauerengel

Manee Thai Spez.-Rest. GbR
Euro-Toques Sterne-Köchin Nappa Weger
Schauenburger Str. 59
20095 Hamburg
Tel. 040 33395005
Fax 040 33395006
www.manee-thai.de

Melcher's Gastlichkeit
Euro-Toques Sterne-Koch Karl-Heinz Melcher
Spiegelstr. 10
32361 Preussisch Oldendorf
Tel. 05742 704504
www.melchersgastlichkeit.de

tegut ... Bankett GmbH
Euro-Toques Sterne-Koch Stefan Walch
Gerloser Weg 70
36039 Fulda
Tel. 0661 2509869
Fax 0661 2509878
www.tegut-bankett.com

Siegmanns Tierpark-Stuben
Euro-Toques Sterne-Maître André Siegmann
Mergelteichstr. 23
44225 Dortmund
Tel. 0231 778249
Fax 0231 716661
www.tierpark-stuben.de

Euro-Toques Sterne-Koch Giulio Todaro
Bodelschwinghstr. 11
49525 Lengerich
Tel. 05481 304720

Hotel Ascari GmbH
Euro-Toques Sterne-Koch Christophe Meyer
Jakobstraße
50259 Pulheim
Tel. 02238 8040
Fax 02238 804140
www.hotel-ascari.de

Cuisine Culinaire
Euro-Toques Sterne-Maître Uwe Steiniger
Hauertal 6
51570 Windeck
Tel. 02292 959880
www.uwe-steiniger.de

Restaurant Buchholz
Euro-Toques Sterne-Koch Frank Buchholz
Klosterstr. 27
55124 Mainz-Gonsenheim
Tel. 06131 9713674
Fax 06131 9713675
www.frank-buchholz.de

Dobler's Restaurant L'Epi d'Or
Euro-Toques Sterne-Koch Norbert Dobler
Seckenheimer Str. 20
68165 Mannheim
Tel. 0621 14397
Fax 0621 20513
www.doblers.de

Restaurant Hotel Walker
Euro-Toques Sterne-Koch Andreas Walker
Rutesheimer Str. 62
71272 Renningen
Tel. 07159 925850
Fax 07159 7455
www.hotel-walker.de

Restaurant Schloßhotel Monrepos
Euro-Toques Sterne-Maître Harald-Alois Neises
Domäne Monrepos 22
71634 Ludwigsburg
Tel. 07141 302553
Fax 07141 302200
www.schlosshotel-monrepos.de

Restaurant Gasthaus Schwanen
Euro-Toques Sterne-Koch Chris Groen
Marktplatz 5
72401 Haigerloch
Tel. 07474 954620
Fax 07474 954610
www.schwanen-haigerloch.de

Restaurant Träuble
Euro-Toques Sterne-Maître
Ernst-Ulrich W. Schassberger
Schmalzgasse 13
73630 Remshalden-Geradstetten
Tel. 07151 79984
Fax 07151 207715
www.schassbergers-traeuble.de

Reindl's Restaurant, Hotel Partenkirchner Hof
Euro-Toques Sterne-Köchin Marianne Holzinger
Bahnhofstr.15
82467 Garmisch-Partenkirchen
Tel. 08821 943870
Fax 08821 943870
www.reindls.de

Hotel Ortnerhof
Euro-Toques Sterne-Maître Erwin Rennertseder
Ort 6
83324 Ruhpolding
Tel. 08663 88230
Fax 08663 8823333
www.ortnerhof.de

Restaurant Kirschner Stuben
Hotel Maier zum Kirschner
Euro-Toques Sterne-Koch Franz Josef Maier
Seestr. 23–23a
83700 Rottach-Egern
Tel. 08022 273939
Fax 08022 662662
www.kirschner-stuben.de

Restaurant Landgasthaus Salmannsweiler Hof
Euro-Toques Sterne-Maître Andreas Schiele
Salmannsweiler Weg 5
88682 Salem
Tel. 07553 92120
Fax 07553 921225
www.salmannsweiler-hof.de

Restaurant Hirschtal
Euro-Toques Sterne-Koch Markus Welt
Sperberweg 1
89555 Steinheim am Albuch
Tel. 07329 451
Fax 07329 919615
www.hirschtal.de

Wiesingerhof
Euro-Toques Sterne-Köchin Elisabeth Wiesinger
Bertholdsdorf 40
91575 Windsbach
Tel. 09871 9287
Fax 09871 6579666
www.wiesingerhof.de

FRANKREICH

Euro-Toques Sterne-Koch Jean-Luc Garnier

LUXEMBURG

Restaurant Lea Linster
Lea Linster
17, Route de Thionville
5752 Frisange
Tel. 00352 23668411
Fax 00352 23676447
www.lealinster.lu

ÖSTERREICH

Alpahotel-Restaurant Walser Stuba
Euro-Toques Sterne-Koch Jeremias Riezler
Eggstr. 2
6991 Riezlern/Kleinwalsertal
Tel. 0043 5517 53460
Fax 0043 5517 534613
www.walserstuba.at

Restaurant Bachler
Euro-Toques Sterne-Koch Gottfried Bachler
Silberegger Straße 1
9330 Althofen
Tel. 0043 4262 3835
Fax 0043 4262 38354
www.bachler.co.at

SCHWEIZ

Romantik Hotel Schönegg
Euro-Toques Sterne-Maître Hubert-Eugen Mayer
Dorfstrasse
3823 Wengen
Tel. 0041 33 8553422
Fax 0041 33 8554233
www.hotel-schoenegg.ch

- ☐ Bitte nehmen Sie mich in Ihren Newsletter-Verteiler auf! (Versand per E-Mail)
- ☐ Bitte informieren Sie mich über folgende Verlagsthemen:

☐ Essen & Trinken ☐ Gesundheit

Name

Straße

PLZ, Ort

E-Mail (für Newsletter)

Diese Karte entnahm ich dem Buch

HÄDECKE

Walter Hädecke Verlag
Tel: +49 (0)70 33 – 1 38 08-0
Fax: +49 (0)70 33 – 1 38 08-13
info@haedecke-verlag.de
www.haedecke-verlag.de

Bitte freimachen

Antwort

An den
Walter Hädecke Verlag
Postfach 1203
71256 Weil der Stadt
Deutschland

HÄDECKE

Bücher für Genießer!

Illustration: Jiří Slíva